Abundância

SUPERE SEUS LIMITES

As idéias de Stephen R. Covey e outros pensadores
para atingir o sucesso que você procura

A MISSÃO DA NEGÓCIO EDITORA

Produzir leitura de qualidade, levando ao leitor informações e tendências que ajudem a desenvolver seus conhecimentos e percepções. Nossa missão é apoiar os leitores na realização de seus objetivos pessoais e profissionais.

Boa Leitura!

Associação Brasileira para a Proteção dos Direitos Editoriais e Autorais

RESPEITE O AUTOR
NÃO FAÇA CÓPIA

Abundância

SUPERE SEUS LIMITES

As idéias de Stephen R. Covey e outros pensadores
para atingir o sucesso que você procura

Revisão Técnica: Marco Antonio Imperador
Consultor Senior Franklin Covey
Tradução: Flávia Rössler

ELSEVIER

Do original: *The Portable 7 Habits*^{TM} – *Abundance*
Copyright © 2000 by Franklin Covey Co.
© 2003, Editora Campus Ltda. – Uma empresa Elsevier

Todos os direitos reservados e protegidos pela Lei 9.610 de 19/02/1998
Nenhuma parte deste livro, sem autorização prévia por escrito da editora,
poderá ser reproduzida ou transmitida sejam quais forem os meios empregados:
eletrônicos, mecânicos, fotográficos, gravação ou quaisquer outros.

Copidesque
Claudia Amorim
Editoração Eletrônica
Estúdio Castellani
Revisão Gráfica
Edna Cavalcanti
Projeto Gráfico
Editora Campus Ltda.
A Qualidade da Informação.
Rua Sete de Setembro, 111 – 16º andar
20050-006 Rio de Janeiro RJ Brasil
Telefone: (21) 3970-9300 FAX: (21) 2507-1991
E-mail: *info@campus.com.br*
Filial Campus:
Rua Elvira Ferraz, 198
04552-040 Vila Olímpia São Paulo SP
Tel.: (11) 3841-8555

ISBN 85-758-9024-7
Edição original ISBN: 1-929494-12-2

CIP-Brasil. Catalogação-na-fonte.
Sindicato Nacional dos Editores de Livros, RJ

A151	Abundância : supere seus limites / Franklin Covey ; tradução de Flávia Rössler. – Rio de Janeiro : Campus, 2003
	Tradução de : The Portable 7 Habits : Abundance Adaptação de : Os 7 Hábitos das Pessoas Altamente Eficazes / Stephen R. Covey ISBN 85-758-9024-7
	1. Sucesso – Aspectos psicológicos. 2. Auto-realização (Psicologia). 3. Conduta. 4. Riqueza. I. Covey, Stephen R. II. Franklin Covey (Firma).
03-1379.	CDD — 158.1 CDU — 159.947

03 04 05 06 07   5 4 3 2 1

SUMÁRIO

INTERAÇÃO 3

CARÁTER 15

CRESCIMENTO 27

ABUNDÂNCIA 37

CONEXÃO 47

RESPONSABILIDADE 59

COOPERAÇÃO 69

DESEMPENHO 81

PERSPECTIVA 93

REALIZAÇÃO 105

Nossa generosidade para com os outros é vital para uma experiência positiva do mundo. Há espaço suficiente para que todos sejam bonitos. Há espaço suficiente para que todos tenham sucesso. Há espaço suficiente para que todos sejam ricos. É apenas o nosso pensamento que bloqueia a possibilidade de tudo isso acontecer.

— MARIANNE WILLIAMSON

INTRODUÇÃO

Para ter uma vida rica, é imperativo acreditar na sua capacidade de prosperar – que você bem está merecendo. Depois de compreendida e adotada, uma mentalidade de abundância permite que a pessoa encare sua vida e seus relacionamentos sob uma nova perspectiva. Essa perspectiva é a de compartilhar a riqueza e de se concentrar na verdade universal que existe para todos, em quantidade suficiente.

À medida que folhear estas páginas, absorva com coração, mente, corpo e alma os conselhos nelas contidos. Reflita sobre o que leu. Avalie como interagir com mais sucesso em sua vida diária e o que é preciso para que isso aconteça. Deixe que a sabedoria o inspire a tornar-se mais generoso consigo mesmo e com os outros, para colher os benefícios de sua atitude. Isso significa livrar-se da mentalidade "tudo para mim" e desenvolver a idéia de que todos podem ganhar.

Em essência, faça com que a mentalidade "ganha/ganha" se transforme em um hábito.

HÁBITO 4: PENSE GANHA/GANHA

Adote uma postura "todos podem ganhar".

INTERAÇÃO

A pessoa realmente eficaz tem humildade e reverência para reconhecer suas limitações perceptivas e para apreciar as ricas fontes disponíveis por intermédio da interação com os corações e as mentes de outros seres humanos.

– STEPHEN R. COVEY, *Os 7 Hábitos das Pessoas Altamente Eficazes*.

Sou ele da mesma forma como vocês são nós e **nós juntos somos um só.**

– JOHN LENNON E PAUL McCARTNEY

Você não pode ser verdadeiramente independente até que tenha **primeiro** construído um forte alicerce de **independência.**

Bondade

é mais importante do que sabedoria, e reconhecer esse fato é o começo da sabedoria.

– THEODORE ISAAC RUBIN

Quanto mais você tenta se interessar por outras pessoas, mais descobre sobre si mesmo.

— THEA ASTLEY

É imaginação minha, ou somos todos viciados em controle?

Estou na academia diante do aparelho de exercitar tríceps. Acabei de regular os pesos e estou prestes a começar meu exercício quando uma mulher mal-encarada, levemente musculosa e com roupa em lycra turquesa, interrompe sua série de peitorais para rosnar na minha direção: "É a minha vez", ela resmunga enquanto salta da prancha de abdominais, voa por cima do aparelho de tríceps e recoloca os pesos. Fico tentado a dizer que, embora talvez tenha pensado em usar o aparelho, ela estava, na verdade, no lado oposto da sala. E que seus músculos não se atrofiariam se ela esperasse eu acabar. Em vez disso, trabalhei meus bíceps. A vida é curta demais para brigar por causa de um aparelho de ginástica. É claro que não sou viciado em controle. Os viciados em controle brigam por qualquer coisa: uma vaga para o carro, a temperatura da sala, o último par de escarpim de grife com preço remarcado e até o churrasco, para saber se deve ser feito no forno ou na panela. Nada é insignificante demais. Tudo precisa ser exatamente como é.

– MARGO KAUFMAN

Vá em frente.
Encha alguém de alegria.

Negociar resultados ganha/ganha pode parecer desafiador para algumas pessoas, porque a maioria gosta de ser correta e prefere ganhar a fazer concessões ao ponto de vista do parceiro. Para muitos, chegar a um acordo significa ser mais fraco ou inferior do que o oponente. Significa desistir do que se quer e aceitar algo que é menor do que originalmente se desejou. No entanto, em um resultado ganha/ganha **não há concessões,** uma vez que as duas partes acabam a negociação sentindo-se gratificadas por terem conseguido o que queriam.

– CHÉRIE CARTER-SCOTT

Veja nas outras pessoas mais
do que elas estão lhe mostrando.

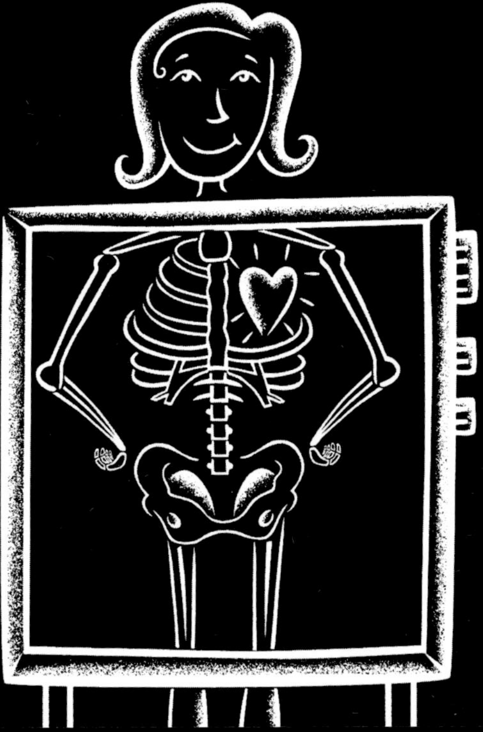

Como negociar uma situação ganha/ganha

➢ **Revele exatamente o que você precisa e quer.** Escancare todas as suas intenções.

➢ **Imagine o que vocês dois querem da situação.** Desenvolva uma declaração de objetivo que seja absolutamente verdadeira para as duas partes. Concorde com a declaração e refira-se a ela como uma ferramenta para manter as negociações na trilha certa.

➢ **Desenvolva um plano sobre quem quer o quê e por quê.** Discuta em termos gerais o que fazer para que isso aconteça. Anote idéias sobre como alcançar o objetivo desejado que seja uma vitória para as duas partes.

➢ **Continue a trabalhar opções e alternativas até chegar a um acordo.** Esteja preparado para dar passos difíceis utilizando cortesia, respeito e consideração pelo outro ponto de vista. Quando a outra pessoa vê que você realmente quer resolver a questão com uma vitória para os dois, será mais fácil conseguir um acordo.

➢ **Chegue a um entendimento mútuo.** Não se esqueça de se congratularem por terem sido maduros bastante para tomar decisões que beneficiem todos os envolvidos.

➢ **Se não conseguir achar uma solução que beneficie a todos, aceite uma solução do tipo Nada Feito.** É melhor não negociar do que tomar uma decisão que não é a certa.

Verdadeiros amigos

são aqueles que, quando você demonstra ter bancado um verdadeiro idiota, não acham que isso é permanente.

Você consegue deixar de ver o mundo com olhos egoístas?

CARÁTER

A verdadeira chave para sua influência sobre mim é seu exemplo... o tipo de pessoa que você realmente é – não o que os outros dizem a seu respeito, ou o que você gostaria que eu pensasse... Seu caráter se irradia, se comunica o tempo todo. A partir dele, passo instintivamente a confiar ou a desconfiar de você e de seus esforços para se aproximar de mim.

– STEPHEN R. COVEY, *Os 7 Hábitos das Pessoas Altamente Eficazes*

CARÁTER
é a arquitetura do ser.

– LOUISE NEVELSON

Muitas vezes as pessoas tentam viver suas vidas de trás para a frente; tentam ter mais coisas ou mais dinheiro para fazer com mais intensidade o que desejam, a fim de ser mais felizes. O modo como a coisa realmente funciona é a inversa. Você precisa primeiro ser o que realmente é, depois fazer o que precisa fazer, de modo a **ter o que quer.**

– MARGARET YOUNG

Experiências que
FORTALECERÃO
seu caráter

- Passar por uma auditoria.
- Ser despedido.
- Trabalhar como garçom (ou garçonete).
- Tirar férias com seus três melhores amigos.

– LESLEY DORMEN

O **verdadeiro caráter** de uma pessoa se revela pelo que ela faz quando ninguém está observando.

Sua verdadeira religião é a

vida que você leva,

não o credo que professa.

– AUTOR DESCONHECIDO

A integridade nunca é indolor.

– M. SCOTT PECK

Perguntas sobre uma vida agradável

Está em paz consigo mesmo? **Rápido.** Reflita. Como você age quando está errado? As pessoas conhecem você pelo que vêem, não pelo que ouvem? Você partilha seus dons com o mundo? Aceita os outros incondicionalmente? Você sabe do que gosta? O que você mais gosta de sua vida? Já descobriu seu estilo autêntico? Você está satisfeito com o que tem?

O PERFECCIONISMO
é a autoviolação em grau extremo.

– ANNE WILSON SCHAEF

Você se sente ameaçado pelo sucesso de um amigo ou colega?

Lembre-se do seguinte: **há sucesso suficiente para todos.**

Repita isso muitas vezes para si mesmo quando ficar magoado de novo e se perguntar "por que não eu?".

Preocupe-se com seu caráter e não precisará se peocupar com sua reputação.

Viver cada dia como se fosse o último, sem nunca estar perturbado, apático, sem tentar impor sua atitude – nisso reside a perfeição do caráter.

– MARCO AURÉLIO

CRESCIMENTO

Tomar a iniciativa não significa forçar, ofender ou ser agressivo. Significa reconhecer a responsabilidade em fazer as coisas acontecerem.

– STEPHEN R. COVEY, *Os 7 Hábitos das Pessoas Altamente Eficazes*

EXPERIÊNCIA

é como a vida nos conduz e nos ensina
a amar e perdoar uns aos outros.

– LOUISE NEVELSON

Há coisas suficientes no mundo para todos se tivermos os olhos para enxergá-las, o coração para amá-las e a mão para buscá-las.

— LUCY MAUD MONTGOMERY

GRANDES PESSOAS
são aquelas que nos fazem sentir maiores quando estamos ao seu redor.

Quem sou eu para pensar que sou tão especial
que não tenho o direito de cometer erros?

Quando me surgiu essa idéia?

Sou inteiramente culpável por todos os meus
erros, mas... sou também totalmente responsável
por todos os maravilhosos sucessos de minha vida.
E isso é uma coisa fantástica.

– JULIA ROBERTS

Sua vida anda parecendo uma coleção de frases tolas?

Veja como você se identifica com alguma das seguintes frases:

> Tenho atitude e sei como usá-la.

> ODEIO A TODOS, E VOCÊ É O PRÓXIMO.

> TODOS ESTRESSADOS E NINGUÉM PARA OFERECER UM OMBRO AMIGO.

> ESTÁ TUDO UMA MARAVILHA, MAS AGORA PRECISO GRITAR.

Se sua vida está parecendo literatura de botequim, é hora de afastar-se das sarcásticas frases-feitas. Há um mundo inteiro lá fora que gostaria de conhecer a verdadeira pessoa que está por trás de sua personalidade rabugenta. Não seja uma daquelas coisas ruins que acontecem a pessoas boas.

Se alguém escuta,

ou estende a mão,

ou sussurra uma palavra

atenciosa de incentivo,

ou tenta compreender

uma pessoa solitária,

coisas extraordinárias

começam a acontecer.

– LORETTA GIRZARTIS

RIQUEZAS INFINITAS

estarão à sua volta se você abrir os olhos da mente e contemplar o tesouro sem fim que existe dentro de você. Há uma mina de ouro no seu íntimo, da qual você pode extrair tudo aquilo de que precisa para viver a vida de maneira gloriosa, alegre e abundante.

– JOSEPH MURPHY

No confronto entre o mar e a rocha, o mar sempre vence – não pela força,
mas pela perseverança.
– H. JACKSON BROWN

O coração fica mais feliz quando bate por outras pessoas.

ABUNDÂNCIA

Muitas pessoas têm como característica o que chamo de Mentalidade de Escassez. Elas encaram a vida como uma fonte limitada, como se houvesse apenas uma fatia de bolo disponível. É por isso que um traço de caráter fundamental para o ganha/ganha é a Mentalidade de Abundância... de que há bastante para todos.

— STEPHEN R. COVEY, *Os 7 Hábitos das Pessoas Altamente Eficazes*

Não espere nada; viva frugalmente de surpresas.

– ALICE WALKER

A serenidade financeira começa quando aceitamos como nossa verdade que dinheiro é um estado de espírito e que abundância é uma convicção. Quando escolhemos a abundância, nos tornamos ricos de fato. Conseguimos riqueza verdadeira. Está certo, dinheiro faz parte da riqueza pessoal, mas também o **o amor, a paz interior, a harmonia, a beleza, a alegria, a saúde perfeita, a expressão autêntica,** a descoberta da **bem-aventurança, a busca de paixões, a satisfação do destino divino.**

— SARAH BAN BREATHNACH

Não negligencie os dons que existem dentro de você.

Como adquirir uma
MENTALIDADE DE ABUNDÂNCIA

1. Comece a dar com regularidade. E isso não significa dar uma opinião ou uma parte de sua mente. Não precisa ser muita coisa – dê o que puder.

2. Faça algo generoso para outras pessoas sem esperar que elas se ponham de joelhos e beijem seus pés.

3. Preze a vida e sinta sua riqueza. Aprenda a respeitar as pequenas coisas. Entusiasmar-se com coisas grandes é ótimo, mas não há nada de errado em começar pequeno e depois crescer.

4. Pare de dizer estas três palavras: "Não tenho condições." Chega de alegar penúria e de agir como se fosse um pobre coitado. Atitude é tudo. Preze o que você já tem antes de pedir mais.

5. Faça uma lista das coisas que você gostaria que fossem mais abundantes em sua vida. Depois, mãos à obra e torne-as realidade.

Para

amar
sua maneira
de viver,

você precisa saber
o que ama de verdade.

PRECISAMOS REALMENTE NOS
SENTIR ABUNDANTES

Quando estamos atentos, um mínimo alento pode nos satisfazer plenamente. O toque de uma pessoa querida ou um momento de sol pode trazer alegria a nossos corações. O simples gesto de uma mão sobre a nossa, uma única palavra de bondade, ou um pequeno sinal de estima pode representar tudo aquilo de que precisamos para sentir uma enorme sensação de proteção e bem-estar. Precisamos de tão pouco para nos sentir amados – basta que comecemos a reparar na profusão de minúsculas dádivas e de pequenos milagres que pontuam todos os dias de nossa existência.

– WAYNE MULLER

Se
FOR
BEM-SUCEDIDO
logo de início tente não parecer espantado!

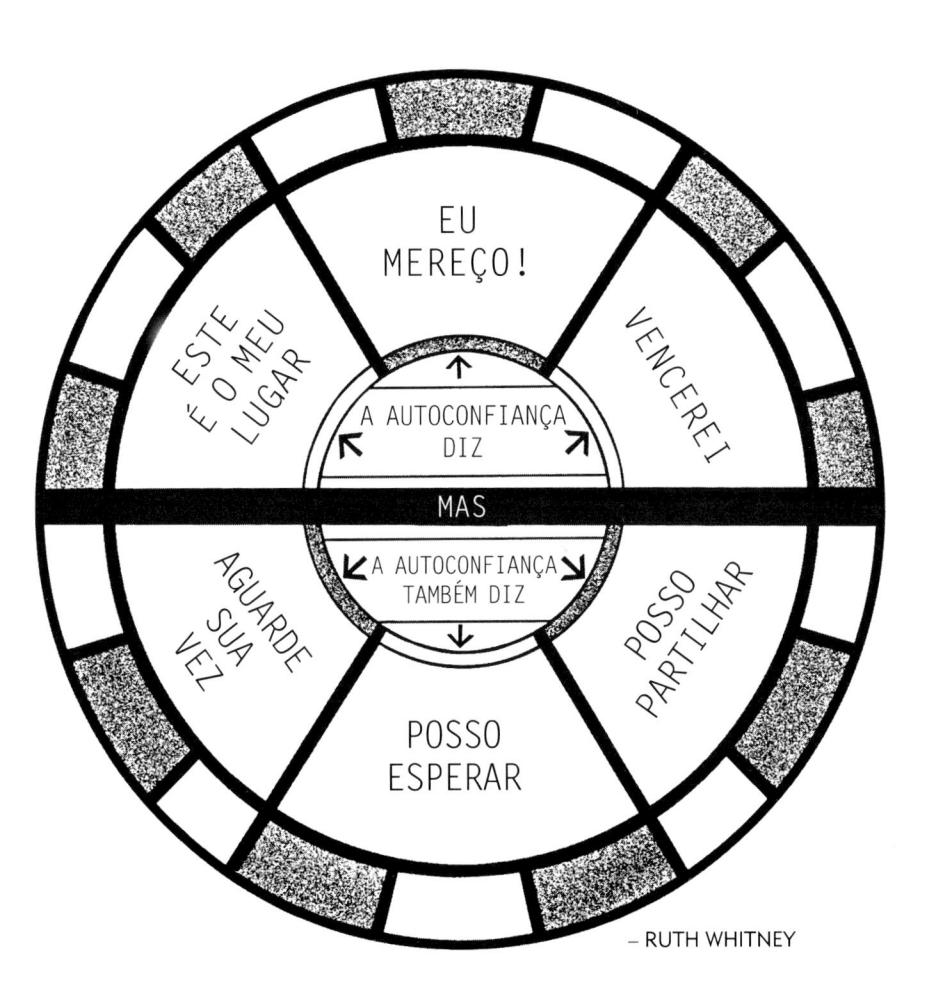

A AUTOCONFIANÇA DIZ:
- EU MEREÇO!
- VENCEREI
- ESTE É O MEU LUGAR

MAS

A AUTOCONFIANÇA TAMBÉM DIZ:
- POSSO PARTILHAR
- POSSO ESPERAR
- AGUARDE SUA VEZ

— RUTH WHITNEY

Paramos por um momento para um encontro, para amar, partilhar. Esse momento é precioso, mas passageiro. É um pequeno parêntese na eternidade. Se partilharmos com carinho, serenidade e amor, criaremos abundância e alegria para todos. E então esse momento terá valido a pena.

– DEEPAK CHOPRA

CONEXÃO

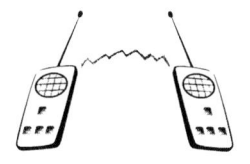

Sem envolvimento, não há compromisso. Faça uma anotação, ponha um asterisco, marque com um círculo, sublinhe.

– STEPHEN R. COVEY, *Os 7 Hábitos das Pessoas Altamente Eficazes*

Coisas são temporárias,

relacionamentos duram para sempre.

Nada pode substituir o tempo que passamos

investindo na vida de outra pessoa.

— ROY LESSIN

Sou muito leal em um relacionamento. Em qualquer relacionamento. Quando saio com minha mãe, não reparo nas outras mães. Não digo "Oh, que gosto terá o macarrão com queijo que ela prepara?"

– GARY SHANDLING

Não estamos aqui para um **ver através** do outro. **Estamos aqui** para **ver** um ao outro por **inteiro.**

– CAROL MATTHAU

Certa vez uma minhoca-macho botou a cabeça para fora da terra e viu uma linda fêmea a poucos centímetros de distância. Surpreso com a beleza da outra minhoca, o macho disse: **"Eu a amo... Quer casar comigo?"** A fêmea sorriu e respondeu: "Não seja tolo; como pode casar comigo? Sou sua outra metade!"

– AUTOR DESCONHECIDO

Suas companhias são como os botões de um elevador

OU ELES O LEVARÃO

PARA CIMA

OU O LEVARÃO

PARA BAIXO

Descubra as pessoas diante das quais você se sente mais ágil, mais criativo e mais capaz de perseguir seus objetivos de vida. Mantenha distância de pessoas que o fazem sentir-se apreensivo ou que o influenciam a duvidar de si mesmo. Acima de tudo, fique afastado das pessoas que o esgotam, fazendo com que sua energia seja toda consumida na tentativa de manter o relacionamento.

– DENNIS F. AUGUSTINE

Busque amor em seus relacionamentos. Concentre-se no que está conseguindo e não no que lhe está escapando. Todos os relacionamentos podem nos ensinar algo. Quando os relacionamentos são difíceis e penosos, pergunte a você mesmo,

"O que este relacionamento pode me ensinar?"

– SUSAN SANTUCCI

UM BOM AMIGO

é uma conexão com a vida,
um elo com o passado,
um caminho para o futuro,
a chave para a sanidade em
um mundo totalmente insano.

– LOIS WYSE

Se você depender dos outros para sua satisfação,

nunca ficará plenamente satisfeito.

Se sua felicidade está atrelada ao dinheiro,

você nunca estará feliz consigo mesmo.

Contente-se com o que tem;

Alegre-se com as coisas como elas são.

Quando você percebe que não está faltando nada,

O mundo inteiro lhe pertence.

– LAO TZU

Alguns dias você é o cachorro,

noutros você é

o hidrante.

"Quem está ganhando no seu casamento?" é uma pergunta ridícula.
Se as duas pessoas não estão ganhando, as duas estão perdendo.

– STEPHEN R. COVEY

RESPONSABILIDADE

Muita gente acha que se você é gentil, não é duro. Se você busca o ganha/ganha, não apenas precisa ser gentil, precisa ser também corajoso. Não apenas precisa de empatia, precisa também inspirar confiança. Não apenas precisa de consideração e sensibilidade, também precisa de bravura. Fazer isso – alcançar o equilíbrio entre coragem e consideração – é a essência da verdadeira maturidade, fundamental para o ganha/ganha.

– STEPHEN R. COVEY, *Os 7 Hábitos das Pessoas Altamente Eficazes*

Você não terá vivido um dia perfeito, ainda que tenha ganhado seu dinheiro, a não ser que tenha feito algo para alguém que nunca terá condições de lhe retribuir.

— RUTH SMELTZER

A mão que tenta lavar-se sozinha é um espetáculo lamentável, mas quando uma mão lava a outra, o poder é aumentado e torna-se uma força considerável.

– MAYA ANGELOU

Eu tinha encontrado uma certa serenidade, uma nova maturidade... não me sentia melhor nem mais forte do que as outras pessoas, mas não parecia mais me importar se todos me amavam ou não – mais importante para mim agora era amá-los. Pensar dessa maneira faz toda a sua vida virar ao contrário; viver se transforma no

ato de dar.

— BEVERLY SILLS

Sua vida anda parecendo uma coleção de frases tolas?

Você se sente atingido?

Você! Fora de meu planeta!

A LEI DO MACHO me proíbe admitir que estou errado.

CAOS, PÂNICO & DESORDEM. MINHA MISSÃO ESTÁ CUMPRIDA.

E O SEU PROBLEMA É...

O problema é que seu botão da felicidade está à espera de ser acionado. Tente ver os problemas como oportunidades de mudança. Se uma fruta cair na sua cabeça, não se apavore, não é o céu que está vindo abaixo. Siga em frente e de vez em quando ache graça.

Tenha fé em você mesmo.

Mas tenha fé em seus amigos e vizinhos também. Sei que a vida é competitiva – mas não é uma selva. Semelhança gera semelhança. Fé inspira fé. As pessoas devolvem substancialmente o que lhes damos.

– AUTOR DESCONHECIDO

A gratidão revela o quanto a vida é completa. Ela faz o que temos ser suficiente, e ainda mais do que isso. Transforma negação em aceitação, caos em ordem, confusão em clareza. Pode fazer de uma refeição um banquete, de uma casa um lar, de um estranho um amigo. A gratidão dá sentido a nosso passado, traz a paz para hoje e cria uma visão para amanhã.

— MELODY BEATTIE

Pode **PARECER** que não estou fazendo nada, mas estou realmente muito ocupado.

O verdadeiro poder é saber que você pode, mas não quer.

– JULIET ALICIA JARVIS

Todos têm uma memória fotográfica. Alguns não têm filme.

COOPERAÇÃO

Com uma solução do tipo ganha/ganha, todas as partes se sentem bem com a decisão e comprometidas com o plano de ação. O ganha/ganha vê a vida como uma cooperativa, não como um local de competição.

– STEPHEN R. COVEY, *Os 7 Hábitos das Pessoas Altamente Eficazes*

Se não ajudarmos uns aos outros, quem nos ajudará?

Estamos na Terra para fazer o bem aos outros.

O que os outros estão fazendo aqui, eu não sei.

– W.H. AUDEN

A filha pequena demorou muito a chegar da escola, por isso a mãe começou a repreendê-la, mas depois parou e perguntou:

– Por que você atrasou-se tanto?

– Precisei ajudar outra menina. Ela estava em dificuldade – a filha respondeu.

– O que você fez para ajudá-la?

– Sentei-me e ajudei-a a chorar.

– AUTOR DESCONHECIDO

Somos todos anjos com apenas uma asa, e **só conseguimos voar quando nos abraçamos.**

– LUCIANO DE CRESCENZO

Se alguém consegue apoiar-se sobre meus ombros e levar seu sonho para um nível mais elevado, talvez isso signifique sucesso também.

– STEVE POTTER

A vida

é uma série de delicados encontros sustentados pelo fio de uma teia, forte como uma viga de aço e suave como o vento que a sopra para longe.

– SANDRA BERNHARD

SR. SPOCK: Gostaria de salientar que tive a oportunidade de observar seus colegas bem de perto. Eles se mostraram rudes, selvagens, desprovidos de princípios, incivilizados e traidores – em todos os aspectos, excelentes exemplos do *homo sapiens*. A fina flor da humanidade. Achei-os muito estimulantes.

CAPITÃO KIRK: Não tenho certeza, mas acredito que fomos insultados.

– JORNADA NAS ESTRELAS

Estamos de visita neste planeta. Permanecemos aqui por noventa, cem anos no máximo. Durante esse período, devemos tentar fazer algo de bom, algo de útil com nossas vidas. Tente ficar em paz consigo mesmo e ajude os outros a partilhar essa paz. Ao contribuir para a felicidade de outras pessoas, você encontrará o objetivo, o verdadeiro sentido da vida.

– DALAI LAMA

Descobri há muito tempo que, se ajudasse as pessoas a conseguir o que queriam, eu sempre conquistaria o que quisesse e nunca teria que me preocupar.

– ANTHONY ROBBINS

Vida que parece uma coleção de frases-feitas. Parte III

Você sabe como funciona:

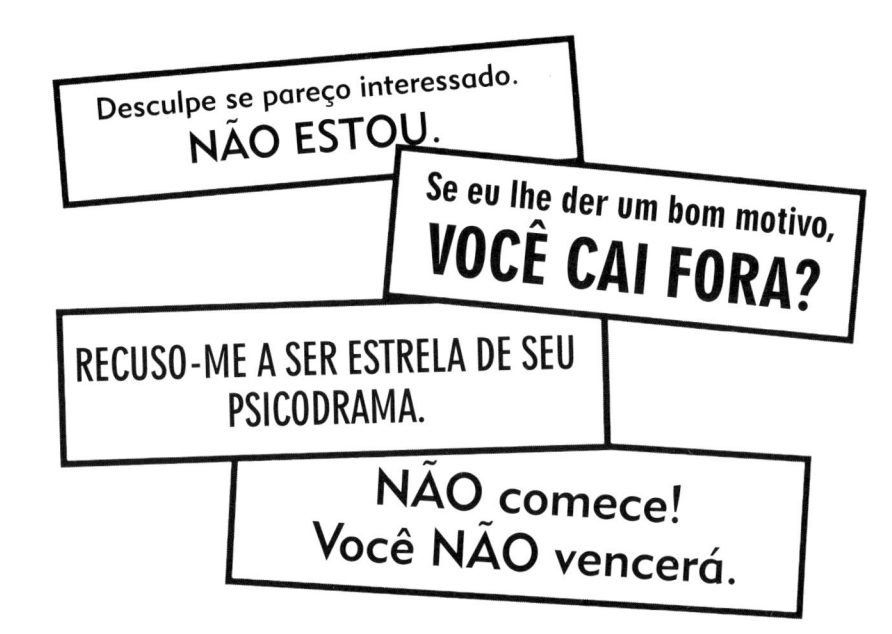

> Desculpe se pareço interessado.
> **NÃO ESTOU.**

> Se eu lhe der um bom motivo,
> **VOCÊ CAI FORA?**

> **RECUSO-ME A SER ESTRELA DE SEU PSICODRAMA.**

> **NÃO** comece!
> Você **NÃO** vencerá.

Se você comparar com as anteriores, perceberá que sua banda larga está encolhendo em ritmo acelerado. Observe que a vida que você deseja tem mais a ver com o que você descarta do que com o que conserva. Como na sua atitude. Terapia custa caro, estourar papel-bolha é barato. Você escolhe.

Grupo de apoio de co-dependentes:
"Vamos nos ajudar a parar de ajudar uns aos outros!"

– LAURA ARDIEL

DESEMPENHO

Sempre me espanto com os resultados obtidos – tanto de indivíduos quanto de organizações – quando pessoas responsáveis, proativas e seguras são deixadas à vontade para desempenhar uma tarefa.

– STEPHEN R. COVEY, *Os 7 Hábitos das Pessoas Altamente Eficazes*

Seja tão bom que os outros não consigam ignorá-lo.

– JERRY DUNN

EXPERIÊNCIA

é o que você consegue quando não consegue o que quer.

– AUTOR DESCONHECIDO

A VIDA É UMA JORNADA,

e se você se abrir às possibilidades, ela poderá levá-lo a direções jamais imaginadas. Uma vida rica não necessariamente o faz chegar ao destino envolto em cashmere, coberto de ouro ou instalado na primeira classe. Você não precisa competir com ninguém. Sua jornada é só sua.

– SUZE ORMAN

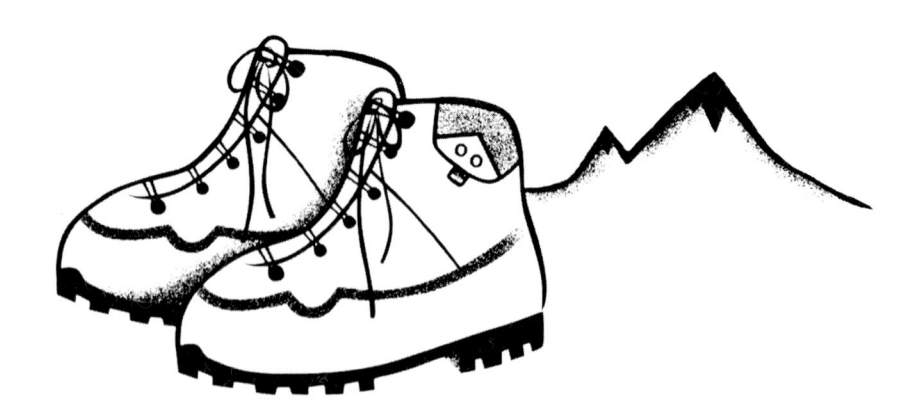

É difícil fazer um retorno

quando não se foi a lugar algum.

A vida é um banquete para quem tem dor de barriga, um bufê interminável de chefes sovinas, brincos perdidos, canetas que explodem. Há sempre alguma coisa para deprimir as pessoas. Mas isso é tão... deprimente. Fuja das situações difíceis! Sentir-se bem não é só andar numa boa... é também ter um bom ânimo. Cabeça erguida, como alguns dizem. Otimismo patológico, como nós chamamos. Em qualquer dos casos soa piegas. Mas é essa a essência do

sentir-se bem:

saber transformar períodos ruins em bons e os bons em inesquecíveis.

— CYNTHIA ROWLEY E ILENE ROSENZWEIG

AS PESSOAS PODEM SER DIVIDIDAS EM 3 GRUPOS:

As que **fazem** as coisas acontecerem.

As que **observam** as coisas acontecerem.

As que se **questionam** sobre o que aconteceu.

– AUTOR DESCONHECIDO

Quando você finalmente está de posse de todas as cartas, por que os outros decidem jogar xadrez?

Medo do sucesso é um dos novos medos de que tenho ouvido falar. E acredito que esse é definitivamente um sinal de que nosso estoque de medos está acabando. Uma pessoa que tem medo do sucesso está utilizando seus últimos recursos. Precisaremos de encontros como os dos AA para pessoas como essas? Elas vão até o microfone e dizem: "Oi, meu nome é Bill e não suporto a idéia de ter um estéreo e um sofá cor de creme?"

– JERRY SEINFELD

Se você quer

um lugar ao sol,

deve supor que ficará com algumas bolhas.

– AUTOR DESCONHECIDO

Esta é a sua Vida, sua única vida

— por isso assuma a excelência como algo muito pessoal.

– SCOTT JOHNSON

Estamos tão condicionados a ver a vida como uma competição que, para declarar um vencedor, precisamos também declarar um perdedor. E tomara que não acabe em empate.

PERSPECTIVA

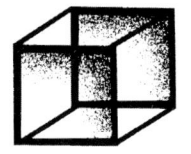

Se duas pessoas têm a mesma opinião, uma não é necessária... Não quero falar nem me comunicar com alguém que concorde comigo; quero me comunicar com você, que vê as coisas de modo diferente. Valorizo a diferença.

– STEPHEN R. COVEY, *Os 7 Hábitos das Pessoas Altamente Eficazes*

Não devemos, ao tentar imaginar como fazer uma grande diferença, ignorar as pequenas diferenças diárias que podemos fazer e que, com o tempo, somam-se às grandes diferenças que muitas vezes não conseguimos prever.

— MARION WRIGHT EDELMAN

Você se preocupa **MENOS** com o que as outras pessoas pensam sobre você e **MAIS** com o que você pensa delas?

A palavra chinesa para

CRISE

consiste em dois caracteres:

um representa

"perigo"

e o outro

"oportunidade oculta".

– M. SCOTT PECK

Posso trocar esta vida pelo que está atrás da Porta Número 2?

Compaixão

é a capacidade de imaginar inteiramente o que é ser outra pessoa, a força que constrói uma ponte que liga a ilha de um indivíduo à ilha do outro. É a capacidade de pisar fora de nossa perspectiva, de nossas limitações e de nosso ego, e de ficar atento ao mundo oculto de uma outra pessoa, de maneira vulnerável, encorajadora, crítica e criativa.

– JOHN O'DONOHUE

Nós que vivemos em campos de concentração temos lembrança dos homens que caminhavam pelas barracas confortando os outros, distribuindo seu último pedaço de pão. Eles podem ter sido poucos, mas fornecem prova suficiente de que

tudo pode ser tirado de um homem, exceto uma coisa:

a última das liberdades humanas – a escolha da própria atitude em qualquer circunstância.

— VIKTOR FRANKL

Os julgamentos nos impedem de ver o bem que existe por trás das aparências.

— WAYNE DYER

VOCÊ PRECISA DE
UM GRUPO DE APOIO PARA LIDAR COM SUA AMABILIDADE?

Existe a possibilidade de a pessoa ser "amável demais" se isso custa a sua integridade. Não há necessidade de tolerar tudo o que cruza o seu caminho com um grande e alegre sorriso e com tapinhas nas costas. Faça o teste a seguir para ver se você sofre de amabilidade crônica.

Você tem dificuldade em confrontar outras pessoas, ainda que saiba que o que elas fizeram está errado?

Você se pega dizendo "sim" quando deveria dizer "nem pense nisso"?

Você se afasta com tanta freqüência das divergências que até já memorizou o desenho da lajota do chão?

Você alguma vez já disse a um amigo uma grande mentira só para não ferir seus sentimentos?

Você se desculpa por tudo, seja por pedir uma opinião, seja por ocupar a última mesa disponível no café que costuma freqüentar?

Se você respondeu "sim" para qualquer uma das perguntas acima, pense em dar um dia de folga à sua amabilidade. Não há nada de errado em fazer valer os seus direitos. Apenas faça isso com uma mentalidade ganha/ganha e você acabará deixando todos felizes. Mais do que os outros, você mesmo.

Não perdi o ouro.
GANHEI a prata.

– MICHELLE KWAN

O sucesso vem com

SINS.

O fracasso vem com

NÃOS.

Desperdicei mais de 9.000 arremessos em minha carreira. Perdi quase 300 partidas. Em 26 ocasiões fui encarregado de fazer o arremesso que daria a vitória à equipe... e errei. Fracassei repetidas vezes em minha vida. Por isso mesmo tive sucesso.

– MICHAEL JORDAN

REALIZAÇÃO

Quanto mais forte você for – quanto mais genuíno o seu caráter, quanto maior o seu nível de proatividade, quanto mais comprometido você estiver com o ganha/ganha – mais poderosa será a sua influência sobre a outra pessoa. É esse o verdadeiro teste do relacionamento interpessoal.

– STEPHEN R. COVEY, *Os 7 Hábitos das Pessoas Altamente Eficazes*

Felicidade não é ter o que você quer – é querer o que você tem.

Botar ordem na sua casa financeira significa prezar mais as pessoas do que o dinheiro, e prezar o dinheiro mais do que as coisas. Significa botar o dinheiro no lugar certo no seu coração, e nos investimentos certos. Significa você ter tudo o que ama e amar tudo o que tem. Significa zelar pelo seu dinheiro, e destinar o seu dinheiro, parte de seu dinheiro, para causas justas. Mas **dinheiro apenas,** por mais importante que seja, **não consegue deixar você realmente rico.**

– SUZE ORMAN

CONFIE EM SI PRÓPRIO

Crie o tipo de *eu* com quem você ficará feliz de viver por toda a vida. Consiga o máximo de você mesmo atiçando as menores e mais íntimas centelhas de possibilidade e transformando-as em chamas de realização.

— FOSTER C. McCLELLAN

Quero deixar minha marca no universo.

— STEVE JOBS

É verdade que não sabemos o que possuímos até perdê-lo, mas também é verdade que **não sabemos o que perdemos até possuí-lo.**

– AUTOR DESCONHECIDO

Sucesso autêntico

é saber que, se deixasse o mundo hoje,

partiria sem arrependimentos.

Ninguém vive o tempo necessário para aprender tudo o que precisa ser aprendido a partir do zero. Para ser bem-sucedido, precisamos, sem sombra de dúvida, encontrar pessoas que já tenham pago o preço para aprender as coisas que precisamos aprender a fim de alcançar nossos objetivos.

– BRIAN TRACY

Por que o sucesso nunca aparece e o fracasso salta aos olhos?

A aventura acabou. Tudo acaba...

exceto a parte que você carrega consigo.

– E.L. KONIGSBURG

É essa a sua resposta FINAL?

SOBRE A FRANKLIN COVEY

A Franklin Covey é a maior empresa no mundo em treinamento de executivos em liderança e gerenciamento pessoal e de tempo. Com base em dados comprovados, nossos serviços e produtos são utilizados por mais de 15 milhões de pessoas ao redor do mundo. Trabalhamos com uma grande variedade de clientes, com material das *500 mais* da revista *Fortune* e também com empresas de menor porte, comunidades e organizações. Você talvez já nos conheça por intermédio do *Planificador Franklin* ou de algum dos livros da série *Os 7 hábitos*. A propósito, os livros da Franklin Covey venderam 15 milhões de cópias no mundo inteiro – mais de um milhão e meio por ano. Mas o que talvez você não saiba sobre a Franklin Covey é que também oferecemos treinamento em liderança, workshops sobre motivação, preparação individual, fitas de áudio e de vídeo e a revista *PRIORITIES*, para mencionar apenas parte do que fazemos.

Qual foi sua opinião sobre este livro?

Gostaríamos de receber suas sugestões e comentários a respeito deste livro. Também apreciaríamos mantê-lo informado sobre novos lançamentos e nossos treinamentos oferecidos no Brasil:

- Os 7 Hábitos das Pessoas Altamente Eficazes
  (Workshop de liderança pessoal e profissional)
- Foco
  (Workshop de produtividade)
- Os 4 Papéis do Líder
  (Workshop de liderança gerencial e organizacional)

Informações: fcbrasil@franklincovey.com.br

LEITURAS RECOMENDADAS

Boldt, Laurence G. *The Tao of Abundance: Eight Ancient Principles for Abundant Living.* Viking Penguin, 1999.

Breathnach, Sarah Ban. *Algo mais: encontrando o que falta para ser feliz.* Sextante, 2002.

_____. *Simplicidade e plenitude.* Ediouro, 2000.

Carter-Scott, Chérie. *Se o amor é um jogo, estas são as regras.* Rocco, 2003.

Chodron, Perna. *When Things Fall Apart: Heart Advice for Difficult Times.* Shambala, 1997.

Covey, Stephen R. *Os 7 hábitos das pessoas altamente eficazes.* Best Seller, 2000.

_____. *Vivendo os 7 hábitos.* Best Seller, 2000.

Dershowitz, Barbara. *Affluent Spirit: Lessons in Spiritual and Material Abundance.* BDC, 1995.

Dwyer, Wayne W. *Manifest Your Destiny.* Whitaker House, 1997.

Gattuso, Joan. *Um curso em amor.* Rocco, 2000.

Gray, John. *Marte e Vênus recomeçando.* Rocco, 2000.

_____. *Homens são de Marte, mulheres são de Vênus.* Rocco, 1997.

Hobday, Jose. *Stories of Awe and Abundance.* Continuum International, 1999.

Kudlow, Lawrence A. *American Abundance: The New Economics and Moral Prosperity.* American Heritage, 1998.

Larned, Marianne. *Stone Soup for the World: Life-Changing Stories of Kindness & Courageous Acts of Service.* Fine Communications, 1999.

Orman, Suze. *The Courage to Be Rich: Creating a Life of Material and Spiritual Abundance*. Riverhead Books, 1999.

Prager, Marcia. *The Path to Blessing: Experiencing the Energy and Abundance of the Divine*. Crown Publishing Group, 1999.

Ramsey, Dave. *Financial Peace*. Viking, 1992, 1995.

_____. *How to Have More Than Enough: A Step-by-Step Guide to Creating Abundance*. Penguin USA, 2000.

Roman, Sanaya, and Duane Packer. *Criando dinherio e prosperidade*. Pensamento, 1994.

Santucci, Susan. *Pathways to the Spirit*. Hyperion, 1999.

Sutherland, Paul H. Zenvesting: *The Art of Abundance and Managing Money*. Ten Speed, 1999.

VanZant, Iyanla. *Faith in the Valley*. Simon & Schuster, 1998.

Waldman, Jackie, and Janis Leibs Dworkis. *The Courage to Give: Inspiring Stories of People Who Triumphed over Tragedy and Made a Difference in the World*. Conari Press, 1999.

Walsch, Neale Donald. *Aprendendo a viver plenamente*. Sextante, 2002.

Williamson, Marianne. *Um retorno ao amor*. Novo Paradigma, 2002.

_____. *Abundance* (fitas k-7). Hay House Inc., 1999.

Outras maneiras fáceis de receber informações sobre nossos lançamentos e ficar atualizado.

- ligue grátis: **0800-265340** (2ª a 6ª feira, das 8:00 h às 18:30 h)
- preencha o cupom e envie pelos correios (o selo será pago pela editora)
- ou mande um e-mail para: **negocio@negocioeditora.com.br**

NEGÓCIO EDITORA

Nome: _____
Escolaridade: _____
Endereço residencial: _____
Bairro: _____ Cidade: _____ Estado: _____
CEP: _____ Tel.: _____ Fax: _____
Empresa: _____
CPF/CGC: _____

Costuma comprar livros através de: ❏ Livrarias ❏ Feiras e eventos ❏ Mala direta
❏ Internet

Sua área de interesse é:

❏ **LIVROS-TEXTO** ❏ **NEGÓCIOS** ❏ **INTERESSE GERAL** ❏ **INFORMÁTICA**
❏ Administração   ❏ Idioma   Nível
❏ Informática   ❏ Não Ficção   ❏ Iniciante
❏ Economia   ❏ Qualidade de Vida   ❏ Intermediário
❏ Comunicação   ❏ Avançado
❏ História
❏ Ciência Política
❏ Engenharia
❏ Estatística
❏ Física
❏ Turismo

20299-999 - Rio de Janeiro - RJ

O selo será pago por Editora Campus

CARTÃO RESPOSTA
Não é necessário selar

NEGÓCIO EDITORA

PRT/RJ – 0456/02
UP AFONSO CAVALCANTI
DR/RJ

executados, a partir de filmes fornecidos, nas oficinas gráficas da EDITORA SANTUÁRIO
Fone: (12) 3104-2000- fax: (12) 3104-2016
http://www.redemptor.com.br - Aparecida - SP